JN409435

트로트 신동
희망詩닷컴

트로트 신동 가수
김태민 군을
소개합니다.

끼가
넘쳤던
어린 시절

노래하고
시를 쓰며
키운 감수성

SD
표창장

언제나
즐거운
공연 무대

2014
한식의 날
대축제에서

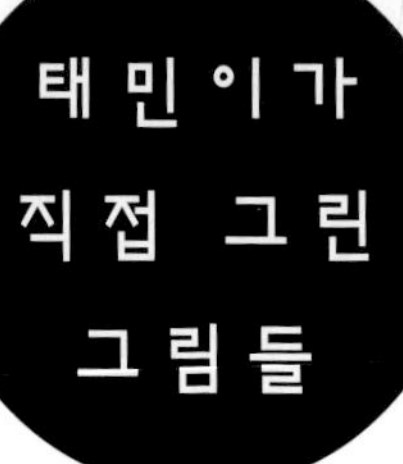
태민이가
직접 그린
그림들

2013 8월 김태민

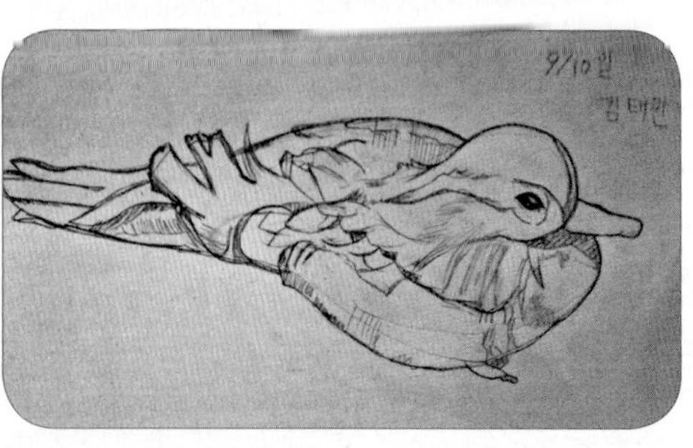
9/10일
김태민

2014.1.20
김태민

2013년 7/30
김태민 작품

트로트 신동
희망詩닷컴

김태민 제1시집

트로트 신동 희망詩닷컴

차례

1장 바다의 향기

2장 나는 무엇일까

3장 길가를 걸으면

4장 나만의 보석

5장 따뜻한 마음

| 인삿말 |

안녕하세요.

저는 서울 신사초등학교 6학년에 재학 중인 신동가수 김태민입니다. 제가 활동한지 벌써 9년이 되어가는 데요. 공연장에 갈 때마다 대중교통을 이용해서 다니고 있습니다. 그동안 저는 공연을 다니는 이동시간에 지하철이나 버스, 택시 안에서 주로 시를 써 왔습니다.

공연 다니면서 느낀 모든 것들과 제 마음들을 시에 담아 정성으로 시를 썼습니다. 저는 이렇게 시를 쓰고 간직하고만 있었는데, 이번에 월간 국보문학 임수홍 회장님께서 많은 도움을 주셔서 이렇게 직접 시집을 발간한다는 게 정말 기쁘고 뿌듯합니다.

회장님께 깊은 감사드립니다. 제가 살면서 겪어왔고, 보고, 듣고, 느꼈던 소중한 제 기억들과 추억들을 이 책에 담았습니다. 다시는 보고, 듣고, 느끼지 못할 13살의 어린마음을 사랑과 정성으로 이 책에 담아봅니다.

제 시를 읽어주시는 모든 분들께 항상 행운이 함께하시기를 진심으로 응원하겠습니다.

화이팅!

김태민

1장 바다의 향기

산

초록색 나무들 우거진
우리들의 친구 산
쉬는 날 내 친구 산과
맑은 공기 주고 받으며
정상을 향해 즐겁게 올라간다

힘들고 지쳐도 맑은 공기
기쁜 마음으로 마시며
어느새 정상에 올라온다.
정상에 올라온 이 기쁜 기분
내 친구 산과 함께 같이 나눈다.

하늘

가끔 생각한다
저 높은 하늘
새하얀 구름위에는
뭐가 있을까

우리의 따뜻한 마음 한 방울
앞만 보고 굳세게 달려왔던
절실한 그 땀 한 방울을
힘들었던 세월들을
기쁘고 슬펐던 생각들을
저 푸른 하늘 아래
아주 작게 보이는 밝은 우리가
새하얀 구름 보며 다 씻어내라고
항상 지켜보며 웃어준다.

사계절

따뜻함을 느끼고
오색 빛깔 꽃이 피고
나뭇잎 초록 옷 입으면
추위를 잊게 해주는
따뜻한 봄이 오고

우수수한 나뭇잎
진한 초록색으로 변하고
태양이 높게 뜨면
더운 여름이 오고

더위를 잊게 하고
나뭇잎이 빨강 노랑 옷 입고
시원한 바람 불어오면
오색빛 가을이 오고

바람은 점점 차가워지고
나뭇잎들 옷을 벗고

차가운 바람이 불면
겨울이 온다

저마다 다른 특징들을 가진
사계절은
항상 나의 곁에 있는
네 가지 네 명의 친구다.

바람

가을이 되면 바람이 분다
여름엔 간절히 바랬던 바람이
가을이 되면 우리 곁에
나도 모르는 사이 어느새
내 옆에 자리 잡고 있다

우리는 바람에게 추억을 주고
바람은 우리에게 시원함을 준다

겨울이 되면 차가워지는 바람
하지만 봄이 되면 다시 따뜻해져서
우리의 마음을 시원하게 해준다.

바다의 향기

추억의 바닷가
수평선에서 불어오는 시원한 바람
그 바람을 타고 나오는
신비스럽고 아름다운 향기

땀 뻘뻘 흐르는 여름에
더 시원해지라고 보내주는
시원한 향기를 담은 바람

철썩철썩 파도도 안다
바다의 향기가 얼마나 시원한지
겨울에는 추워도 하지만
여름에는 소중한 바다의 향기.

메아리

파도소리 따라
바람소리 따라
누구에게나
친구가 되어주는
착한 메아리

외로운 아이
친구가 되어 대화를 하고
파도 속에 숨어
공기 속에 꼭꼭 숨어
살금살금 아이들을 쫓아간다

우리 곁에서 늘 대답하는
우리들의 사랑 메아리

숲

평화로운 세상
자연의 세상
나무가 우거지고
꽃도 활짝
내 마음도 활짝
비비 배배 짹짹
새들이 울고
마음이 깨끗해지는 세상
그곳은 바로
생명과 마음이 살아 숨쉬는
자연의 세상 숲이다

숲은 자연이 살고
여기에는 내가 산다
생명이 살아 숨쉬고
항상 나의 곁에 맑은 그곳, 숲

빗방울

톡톡톡
빗방울이 머리위로 톡톡톡
또르르또르르
빗방울이 나뭇잎 위에서
또르르 대롱대롱
빗방울이 줄에서 대롱대롱
때로는 톡톡톡 떨어지고
때로는 또르르 구슬 되어 굴러가고
우리 모두 즐겁게 톡톡톡

맑은 하늘

나의 두 눈으로 하늘을 보면
나의 마음과 생각이 맑아진다

맑고 파란 하늘을 바라보면
깨끗한 파도가 아픈 기억을
깨끗하게 쓸어가는 느낌이다

마음이 울적한 날
구름 한 점 없는
맑은 하늘을 바라만 본다

어느새 맑은 마음 되어
다시 하늘을 바라본다.

비

하늘에 구름들 무거워지면
한 방울씩 똑똑 비가 내린다

하늘에서 내리는 그 비
무거운 내 마음을
깨끗이 싸악 씻어주고
메마른 농작물들 시원하게
생명을 주고 우리 곁을 유유히 떠나간다

빗방울들이 남겨 놓은
수많은 물방울들
다시 하늘로 승천하여
추억의 아름다운 비로
우리 곁에 찾아온다.

나무의 소중함

나무는 소중하다
봄에는 화사한 벚꽃을 피워
나의 마음을 깨끗이 청소해주고
여름에는 시원한 그늘을 만들어
더운 기운을 사라지게 해주고
가을에는 예쁜 단풍이
나의 마음을 무지개 색으로
물들여 준다
겨울에는 눈꽃이 펴서
세상을 밝은 빛으로
더욱 빛나게 해준다.

나무는 우리의 생명을 지켜주는
나무는 우리의 소중한 친구

냇가

한여름 냇가에선
아이들이 퐁당퐁당
물에 뛰어들고
푸푸 수영도 하고
물고기도 잡고
아이들의 웃음소리
냇가에 울려 퍼진다

아 하하하하
아 하하하하
해맑은 아이들의 웃음소리
언제나 냇가에
메아리 되어 울려 퍼진다.

꽃

길가다 보면 손 흔들어주는
오색빛 다양한 꽃들
자기가 더 예쁘다며 으시대며
가시를 내미는 장미도
낮에는 웃다가 밤이 되면 잠이 드는
어여쁘고 아름다운 무궁화도
길가다 사람들을 만나면
반갑게 손 흔들어주는
아름다운 꽃들
날씨가 추워지면 하나하나
져버리는 꽃들
하지만 겨울이 오기 전에 손 흔들어주던
아름다운 꽃들의 어여쁜 마음은
사라지지 않고 남아 있다가
봄이 되고 여름이 되었을 때
다시 손 흔들어주는 꽃들이다.

노을

저녁을 알리는 붉은 노을
해가 고개를 숙이며 남기는
하나의 멋진 그림 노을

구름 사이로 붉게 보이는
태양이 남긴 노을
그 노을 붉게 타오르면
내 마음도 붉게 타올라
내 꿈을 이룰 수 있는
용기로 변해
어느새 내 마음속에 고요히 자리 잡는다.

2장 나는 무엇일까

시간

우리가 만드는 세상
우리가 망치는 세상
시간이 지날수록
망가져가는 건 아닐까

미래는 만들 수 있지만
현재는 노력하면 되지만
과거는 고칠 수 없다

이제 와서 후회해봤자
소용없다는 그 생각보다는
더 노력해서 함께 고치자는
그 생각 그 마음이
우리가 살아가는
현재와 미래를 만든다.

섬

바다 위에 그림 섬
우리에게 행복을 주는 섬
여러 동물들이 살고
자연이 살아 숨쉬는 섬
작지만 큰 행복을 주는 섬
섬은 우리에게 멀 때도 있지만
우리 곁에 작은 행복의 조각으로
사랑으로 남아 있다.

희망

나에게 희망은
살아가는데 있어서
도와주고
배려하고
사랑하고
아끼고
표현하고
들어주는
한 결정체

그것은 희망이다.

인생 이야기

내가 쓰는 인생 이야기
되돌릴 수도 미리 볼 수없는
신비한 나의이야기

그때 잘못하면
다시는 또 할 수 없는
힘든 인생 이야기

내가 궁금해도
지금은 볼 수 없는
아리송한 인생이야기

나의 인생은
그 누구도 알 수 없는
알쏭달쏭 재밌는
하나의 이야기이다.

마음의 문

우리가 살아가는데
마음의 문을 연다
내 속에 있던 모든 것을
나의 꿈을 위해 내보낸다
마음의 문을 닫으면
내 재능을 뽐낼 수 없다.
성공하고 나를 잘 되게 하려면
내 마음의 문을 활짝 열어
내 모든 것을 이 세상에 보여주자.

나를 위한 삶

삶은 나의 것이다
남을 위한 것이 아닌
오직 나를 위한
남을 기쁘게 하기위한 것이 아닌
나의 삶을 발전시키고
내가 웃을 수 있고
내가 행복하고
내가 살아가고
내가 사랑하는
나의 삶은 오직
나를 위한 삶이다.

배려

나의 배려란
너에게 배려하고
나에게 배려하고
사람들에게 배려하고
세상에 배려하고
모두에게 배려하는 것이고

너의 배려란
나에게 배려하고
너에게 배려하고
그들에게 배려하고
세상에 배려하고
모두에게 배려하는 것이고

우리의 배려란
서로서로 배려하며
아름다운 세상
아름다운 나라를 만드는
아름다운 세상과 나라에 배려하는 것이다

말

나도 모르게 툭툭 던지는
우리 입에서 나오는 말

나는 좋다고 내뱉지만
네게는 상처가 되는
아픔의 칼 같은 말

내가 미안해서 하는 말
네게는 용서의 씨앗이 되는
우정의 꽃이 피는 말
내가 고마워서 하는 말
네게는 사랑의 씨앗이 되는
사랑의 꽃이 피는 말

말은 하는 말에 따라
때로는 상처가 되기도 하고
때로는 사랑이 되기도 한다.

사랑

나에게 사랑이란 무엇을 뜻할까
그건 아무도 알 수 없다

내가 누굴 사랑한다고 하면
마음의 사랑이다

내가 누구 곁에서
같이 울고 같이 웃어준다면
그 사람도 사랑을 느끼게 될 것이다

마음의 사랑은 나의 사랑이고
내가 느끼는 마음이 따르는 사랑이다.

실패

실패는 그때는 괴롭지만
우리를 도와주는 친구이다
실패는 우리가 미워하지만
우리를 항상 사랑한다
실패는 성장보다 못하지만
우리를 성공으로 이끌어준다
실패는 계속 이루어지지만
우리는 그만큼 성공한다
실패는 사랑받지 못하지만
우리를 좋은 길로 이끌어준다
실패가 남긴 상처들을
실패의 친구 성공이
깨끗하게 씻어주는 길잡이

나는 무엇일까

나는 무엇일까.
너에게 나는 어떤 존재일까

나에게 너는 친구이지만
나는 너에게 어떤 존재일까

나는 믿는다
내 친구를
난 네 곁에 있고
넌 내 곁에 있음에
친구가 존재하고
우리가 존재한다.

세월

내가 생각하는 것보다
더 많은 생각을 하고
내가 느끼는 것보다
더 많이 느끼게 되고
내가 보는 것보다
더 많이 보여지는
세월의 차이

어른과 어린이는
세월의 지남에 따라
생각하고 보고 느끼는 것이 달라진다.

달 같은 마음

태양처럼 밝지도 않고
구름처럼 움직이지도
눈처럼 내리지도 않는
밤하늘의 달

태양보다 점잖게
움직이지 않고
눈처럼 차갑지 않은
어두운 마음을
항상 밝게 비춰주는
달 같은 마음
소중한 내 마음

존재감

나의 존재 너의 존재 우리의 존재
이 모든 걸 알려주는 존재감

네가 느끼는 나의 존재감
너의 마음에 따라 다른 무지갯빛 주머니
그 작은 하나의 기억 주머니를
너의 마음속에 곱게 놓는다

내가 느끼는 너의 존재감
나의 마음에 따라 다른 무지갯빛 주머니
그 작은 하나의 기억 주머니를
나의 마음속에 곱게 놓는다

모두가 느끼는 우리의 존재감
모두의 마음에 따라 다른 황금빛 주머니
작은 기억 주머니 하나 되어 크게 뭉치고
우리 모두의 마음속에 곱게 놓는다.

내일을 생각하면

오늘 불행한 일이 있었다면
내일은 행운이 있을 것이다

오늘 행운이 있었다면
내일은 더욱 더 큰 행운이 올 것이다

오늘 울면 내일은 웃는다
오늘 웃으면
내일은 더 큰 웃음이 있을 것이다

내일은 소중하다
우리는 내일을 향해
달리고 또 달린다.

3장 길가를 걸으면

학교

딩동댕동 학교종이 울리면
책을 꺼내 공부하는 우리들
고마운 학교 사랑하는 학교
때로는 공부하기 싫어도
우리 잘되라고 만들어진 학교
싫어하면 안돼요
학교생활 잘해서 우리 잘 되면
남이 좋은 게 아니고 내가 좋은 것을
사랑하는 친구들과 함께 공부하고
존경하는 선생님 말씀 귀담아
열심히 따르고 공부하고 재미있게 생활하는
우리들의 또다른 선생님
색다른 놀이터 성공하는 학교

표지판

길가다 보면
우리를 바른길로 안내하고
더 빠르고 안전한 길로 인도해주는
색다른 도우미 표지판

이쪽으로 가면 이것이 나오고
저쪽으로 가면 저것이 나오는 걸
우리에게 하나하나 알려주고
길을 모를 때도 척척
길을 알려주는 표지판

지금은 아무리 전자 프로그램이 있어도
우리들 위에 우리들 앞에 우리들 뒤에
우리를 잊지 않고 꿋꿋이 안내하는
추억의 안내 길잡이 표지판

다리

사랑의 다리를 건너
연인을 만나고
공부의 다리를 건너
선생님을 만나고
꿈의 다리를 건너
내 직업을 만나고
우정의 다리를 건너
친구를 만나고
마음의 다리를 건너
배려를 만나고
기쁨의 다리를 건너
웃음을 만나고
행복의 다리를 건너
삶을 만나고
내 자신의 다리를 건너
성공을 만나고

나의 마음

내 마음은 항상 저 멀리에 있다
심심할 땐 먼 산을 바라본다

내 마음은 말썽꾸러기이다
내가 생각하는 대로
따라주지 않는 마음

소중한 나의 마음
나의 귀중한 마음으로

사람을 살릴 수도 있는
나의 마음은 귀한 마음

사진

추억을 담아 찍은 사진
우리의 추억을 담아주는
고마운 사진
추억의 사진

내 모든 게 담겨 있는 사진은
내 마음을 담고
내 사랑을 담는
내 추억이 있고
내 기억이 있는
그 종이 한 장.

솜사탕

놀이공원에 가면
아이들의 눈길을 사로잡는
솜사탕

한가득 입에 넣으면
샤르르 녹아드는
솜사탕

조그마한 나의 입안에서
달콤함을 느끼게 해주는
솜사탕

사르르르 사르르르
오늘도 입안에서 녹아드는
솜사탕

도로

차가 지나가는 곳
우리가 걸어가는 곳

태양이 있을 때는
밝은 도로를 달려
안전하게 도착하게 해주고

태양 지고 달이 뜨는 밤에는
양쪽에 가로수와 가로등
빌딩 불빛과 자동차 불빛
하나하나 합쳐져서
아름다운 야경을 만들어주는
우리들의 어여쁜 도로

길가를 걸으면

길가를 걸으면 타박타박
저벅저벅 터벅터벅 발소리
새애앵 불어오는 산뜻한 바람
언제나 나의친구 구름과 해와 달
나를 쫄레쫄레 따라온다

밝은 대낮에는
햇님이 나를 비추어주고
밤은 어둡지만
달님이 새롭게
나를 비추어준다

길가에 옆에선 시끄러운 차소리
앞뒤에서는 투박한 구둣소리
길가를 걸으면 항상 새로운 느낌
밝은 빛은 내 마음을 비추어주고
어두운 밤에도 내 마음을 더욱 밝게
나를 비추어주는 해와 달

시골

빌딩들 수놓은 도시가 아닌
여러 과일 농산물들 아름드리 수놓은
추억의 고향 시골길 걷다보면
툭툭 밤 떨어지고
개울가 지나다보면
개구리 반갑다며 인사하고
물로 풍덩 들어간다
걷다보면 갈대들과 이야기하고
때론 곤충들과 수다도 떨고
더운 한여름에는 시원한 정자에서
수박씨 톡톡 뱉으며 옛이야기 나누며
갖가지 항아리들 고소한 냄새 맡으며
하루하루 이야기를 써내는
깨끗한 자연의 도시 시골.

침묵

내가 사는 이곳에는
사람 소리 새소리 자동차 소리
여러 가지 소리가 있다

아무도 소리를 내지 않고 침묵하면
어디선가 또로로롱 새소리가 들려오고
어디선가 부르르릉 자동차 소리도 들어오고
이 세상엔 마법 같은 여러 가지 소리가 있다

내가 들어보지 못한 소리
아니 모든 사람들이 들어보지 못한
모르는 소리가 있을 수도 있다

이 세상엔 몇 가지의 소리가 있을까
난 오늘도 생각에 잠긴다.

나의 삶은 무엇일까

내가 사는 이유는 무엇일까
나는 가끔 이렇게 생각한다
우리 조상님의 조상님
또 위의 조상님들
여러분이 살아계셨기 때문에
난 이 세상에 살고 있다.

나는 조상님들께 감사한다
항상 조상님들께 감사하며
나는 오늘도 나의 삶을 즐긴다.

지하철

출근길에 바쁜 지하철
우리가 보이지 않는 아래에서는
언제나 지하철이 달리고 있다

나의 소중한 지하철
내가 가야할 그곳에
언제나 꿈을 싣고 달려가는 고마운 지하철

지하철에 나의 추억을 담아놓고
나는 내린다

언제나 그 지하철 안에는
나의 추억이 새록새록 담겨 있다.

텅 빈 생각

어디엔가 다녀오면
무엇인가 마음 한구석
밀려오는 허전함

텅 빈 마음 안
한 구석에는
슬픔의 눈물샘도 있고
기쁨의 주머니도 있고
허전함도 있다

그 허전함은 기뻐도
슬퍼도
내 마음을 언제나
깨끗하게 청소한다.

여행

여행은 언제나
나를 설레이게 한다

설레이면 즐겁고
즐거우면 신이 나고
신이 나면 여행이다

마음속의 아픔은 잊고
즐겁고 신나는
마음가짐으로
나는 여행길에 올라
한 움큼씩 추억 쌓기를 한다.

4장 나만의 보석

가족

마음이 통하는
우리 가족

항상 같이 있는
우리 가족은
마음이 아플 때면
같이 울어주고
기쁠 때면
같이 웃어주고
똑같은 생각으로
함께 사는
우리 가족은
세상에서 가장 소중한 나의 보물이다.

할머니

어릴 적 나를 위해
무릎이 다 닳고 힘드셔도
오직 나 하나만을 위해
집안일 다하시며
아프셔도 고되어도
오직 손자의 행복 그 하나
그 하나를 위해서 노력하고
이마에 내리는 비 같은 땀을 견디며
내 곁에서 머무신다

돌아가시기 전에 조금이라도
더 효도하며 더 노력하고
더 행복하게 해드리는
효도하는 마음을
할머니에게 가졌다.

생일

내가 태어난 날
네가 태어난 날
우리가 태어난 날
바로 너와 나의 생일
탄생한 그날의 기쁨
1년에 한 번뿐인 생일
태어나줘서 고마운
그 마음 담아
깊은 마음으로 축하한다.

나만의 보석

나만의 보석 내 안의 보석
내가 생각하는 나의 소중한 보석

내가 소중하게 생각하는
나의 우정 그리고 삶
그들도 보석이 되고

내가 좋아하는
음악 공부들도
내 마음속 보석이 되고

내가 존경하는
선생님과 부모님도
나의 보석이 된다

내가 사랑하는 그 모든 것들이
소중한 나만의 보석이다.

부모님

나를 낳아주신 부모님

항상 보살펴주시고
나를 지켜주시는 어머니

나를 위해 열심히 일해주시고
나를 살펴주시는 아버지

나에게는 소중하고 소중한
부모님

모든 사람은 부모님이 없으면
이 세상에 태어나거나 살지도 못했다
우리 모두에게 가장 소중한 부모님

정

우정이란
내가 친구에게 주는 정
친구가 내게 주는 정

애정이란
사랑하는 이에게 주는 정
사랑하는 이에게 받는 정

부모의 정이란
나를 낳으면서 생기는 정
나를 키우면서 생기는 정

모두의 정이란
우리 모두가 가지는 따뜻한 정

마음 1

항상 나의 마음은
저 세상 끝에 있다

마음속에 마음이 있고
그 마음속에는 내가 있다

나를 사랑해주는 사람들이
앞에서 뒤에서 옆에서
항상 지켜주고 있다

그 고마움이 있기에
지금 나의 마음속에
내가 살아가고 있다

나를 싫어하는 사람이 있어도
여러 사람들에게서 힘을 받은
내가 견디며 살아간다.

마음 2

우리 마음 안에는 무엇이 있을까
우리 마음 안에는
따뜻한 마음을 만드는 화로가 있다
나쁜 마음을 따뜻하게 데워
좋은 마음으로 만든다

우리 마음 안에는
상처를 치료하는 병원이 있다
상처받은 마음을 치료하여
맑은 생각들로 고쳐준다

우리 마음 안에는 깨끗한 친구들이 있다
우리는 모르지만
내 마음 안에서
내 마음을 치료하고
내 마음을 고치고
내 마음을 따뜻하게 하는
내 마음의 친구

꿈

내 장래 내 꿈
내 꿈을 생각하고
내 꿈을 사랑하고
내 꿈에 노력하고
내 꿈에 고마워하고
내 꿈을 자랑스러워하고
내 꿈을 아끼고
내 꿈을 성공시키고
내 꿈을 이룬다.

인사

'안녕하세요'
우리가 주고받는 인사
평범하지만 내 마음을 전달하는
내가 말하는 인사

'고마워'
내 마음을 정확히 표현하는 인사
당연히 하는 말이지만 상대방을
기쁘게 하는
내가 말하는 인사

'미안해'
네 마음의 상처를 치료하는 인사
진심을 담아 인사하면
서로의 갈등을 제거하는
내가 말하는 인사

인사는 내 마음을 전해주는
내 마음속 우체통이다.

우정

친구 그 하나의 존재
친구 안의 우정을 지키는
나의 마음을 친구는 알까

나는 생각한다
내 친구에게 난 무엇이고
내 친구는 나에게 무엇일까

하지만 그건 확실하다
내가 생각하는 친구는
우정의 결정체인 것

우정을 지키는 것이
친구와 나의 도리고
그것을 지키지 않으면
나에게 있던 하나의
결정체를 잃는 것이다

사랑하는 내 친구를 난
무엇보다 소중히 여긴다.

김치

매콤하고 새콤한 김치
한식에 빠지면 안 되는 김치

때로는 맵기도 하지만
먹어보면 홀딱 반해버리는
감칠맛 나는 김치

여러 김치들을
하나하나 먹어보며
아 맛있어 감탄하게 만드는
맛있고 새콤한 김치

우리 모두 웃으며 한 마음이 되는
우리 김치 참 좋다.

소중한 나의 친구

항상 나와 놀아주고
어떤 때는 싸우기도 하는
나의 친구

항상 나의 곁에 있어주고
나와 같이 웃고
곁에서 즐거워해주는
나의 친구

나에게 친구가 없으면
외로웠을 것이고
나에게 친구가 없으면
심심했을 것이다

나에게는 꼭 필요하고
나에게는 소중한 친구

아침

달과 태양 서로 인사하고
달은 사라지고 태양 오르면
사람들은 분주해지고
생물들은 아침을 반긴다

따뜻한 아침햇살을 받으며
오늘의 첫 발걸음을 내딛고
아침을 먹으며 생각한다
오늘은 무슨 일이 생길까

아침은 우리에게 미래를 주고
행복을 떠올릴 수 있게
기쁨을 창조할 수 있게
도와주는 우리의 선생님이다.

나의 집

내가 살 수 있게 해주고
내 몸을 따뜻하게 해주고
나의 정신을 맑게 해주고
나와 나의 가족이 언제나
평온함을 느낄 수 있게
포근함을 느낄 수 있게
행복함을 느낄 수 있게
사랑과 정성을
느낄 수 있게 해주는
나의 소중한 공간
우리 가족들의 공간
웃음이 넘쳐나는 공간
그곳은 바로
즐거운 우리 집
사랑하는 나의 집

5장 따뜻한 마음

음악 1

어느새 나도 모르게
항상 나에게 찾아오는 음악 소리

여러 음들이 합쳐져서
하나의 음악을 만들고
음악들이 합쳐져서
하나의 작품을 만든다

그 음악들은 내 곁에 없어서는 안 될
나의 완전체 음악이다.

음악 2

딩동댕~
예쁜 소리
둥둥둥!
시끄러운 소리
둘이 합쳐지면 아름다운 음악이 되지요!

우리 곁에 항상 어우러지는
아름다운 물결
그 물결은 아름다운 소리가 되어
우리 곁에 다가와
아름다운 선율이 되지요

그 선율은 나의 것이 아니라
우리 모두가 하나 되는
아름다운 선율이지요.

나만의 뮤지컬

나만의 뮤지컬은 특별하다
누가 만들어 주지도
누가 지어 주지도 않은
특별한 나만의 뮤지컬
나의 마음을 담고 담은
독특한 나만의 뮤지컬
나를 좋아해주는 사람들
나를 사랑해주는 사람들
소중한 사람들을 생각하며
마지막 힘을 뿜어내어
감동적인 뮤지컬을 뽐낸다
나의 힘은 모두
나를 지켜보는 관객들의
기분을 살려준다
나의 힘은 모두의 것

가을

가을 하늘 높디높고
빨갛고 노랗게 나뭇잎 물드네

나뭇잎 떨어지며
내 마음도 편안해진다

이제 겨울이 오려나
가을이 점점 멀어져간다

빨갛게 노랗게 물들었던 나뭇잎이 떨어지고
이제 가을은 구름과 함께 저 멀리 날아간다

시원한 바람과 함께
내년에 다시 만나자고 손 흔들며
바람과 함께 사라진다.

먼지

허공에 둥둥 떠다니는
아주 작은 먼지
그 먼지 하나도
하나같이 똘똘 뭉치면
큰 먼지덩어리가 된다

먼지도 그렇게 되는데
우리는 왜 못할까

하찮은 먼지보다도
우리가 더 잘못된 것일 수도 있고
먼지들이 하는 것처럼
우리는 하나가 되어야한다

우리가 사는 세상
우리도 하나 되어
먼지처럼 훨훨 날아서
앞만 보고 나아가자.

하나

갖가지 악기들 하나 되어
하나의 음악을 만들고
우리의 마음 하나 되어
아름다운 나라를 만들고
사랑하는 우리 세상
이 세상에서 제일 빛나는
최고의 나라를 만든다.

초록

초록빛 나뭇잎들 보며
학교에 가고
초록색 칠판 보며
공부하고
초록 물결 보며
집에 돌아와
초록빛 깨끗한 생각으로
초록빛 밝은 마음으로
초록바람 맞으며
초록빛 친구들과
웃으면서 잠이 든다.

아름다운 세상

아름답고 넓은 이 땅에
우리 모두 태어나
아름다운 마음가짐
아름다운 세상에 담아
내 마음 한 곳에 넣고
때론 투덜대던 마음도
아름다운 마음으로
깨끗한 생각으로 씻어낸다

맑고 깨끗한 이 세상
우리가 더 아름답게
우리가 더 노력하면
더 아름다운 세상
더 아름다운 우리
더 깨끗한 마음이 된다.

따뜻한 마음

나의 마음은
내가 힘들고 지쳐도
내가 기쁘고 행복해도
나를 생각하는 것보단
너를 생각하는 그 마음이
따스하고 행복하게 만드는
따뜻한 마음이 되는 것을
나도 느끼고 너도 느낀다

내가 존재함에 네가 존재하고
네가 존재함이 내가 존재하고
우리가 존재함에
우리가 사는 이 세상이 존재한다

너의 마음을 이해하는
나의 마음은 무엇보다
이 세상에서 제일 빛나는
반짝이는 따뜻한 그 마음이다.

가로등

태양이 고개를 숙이고
달이 스르륵 고개 내밀면
하나 둘 켜지는 가로등

어두운 밤
우리 앞길 잘 보이라고
밝은 빛 비춰주고

다시 태양이 고개 들면
태양에게 우리를
잘 지켜주라고
깜빡이며 부탁한 뒤
하나 둘씩 빛이 사라져도
변함없이
우리 곁에서 빛나는
우리들의 지킴이 가로등

외로움

혼자 있을 때면
나에게 찾아오는 감정
외로움이란 감정
쓸쓸한 감정을 표현하는
나의 외로움이란 마음
누군가가 다가와
나의 쓸쓸함을 덜어줄 때
바람과 함께 내 마음속에
잠들어 버린다

소리

내 곁에 있고 때론 멀리 있는
내 귀에 들려오는 소리
작고 크고 얇고 두꺼운
때때로 다른 소리
내가 살아가면서 듣는
여러가지 소리
소리는 내가 매일 듣는
나의 친구 나의 도움이다

둥그렇고 따뜻하게

둥그런 동그라미
둥그런 마음 따뜻한 마음 가지고
둥그런 생각 따뜻한 생각 가지고
둥그런 사랑 따뜻한 사랑 주고 받고
둥그런 말 따뜻하게 오고 가고
둥그렇고 따뜻하게
둥그렇고 넓고 부드럽게
둥그러운 마음 가지고 살다 보면
어느새 나에게
행복이 찾아든다

귀한 시간

시간의 물이 흐르면
내 인생도 지나간다
내게는 그냥 지나갔던 시간은
이제는 되돌릴 수 없는
지난날의 과거가 되어
내 마음속에 들어가 버린다
이제는 더 노력하여
그냥 지나갔던 시간들을
귀한 시간으로 바꾼다

트로트 신동 희망詩닷컴

지은이 | 김태민
발행인 | 임수홍
편 집 | 맹신형
디자인 | 안성훈

초판 인쇄 2014년 11월 8일
초판 발행 2014년 11월 12일

펴낸곳 | 도서출판 국보
주 소 | 서울시 강동구 양재대로114길 32 2층
전 화 | 02-476-2757 / 476-7260
팩 스 | 02-476-2759
이메일 | kbmh11@hanmail.net
홈페이지 | http://cafe.daum.net/lsh19577

값 10,000원
ISBN 978-89-93533-90-3 03810

「이 도서의 국립중앙도서관 출판예정도서목록(CIP)은 서지정보유통지원시스템 홈페이지(http://seoji.nl.go.kr)와 국가자료공동목록시스템(http://www.nl.go.kr/kolisnet)에서 이용하실 수 있습니다.(CIP제어번호: CIP2014031511)」

잘못 만들어진 책은 바꾸어 드립니다.